FINANZAS PERSONALES

FINANZAS PERSONALES 4
Introducción 4
Capítulo 1 – Gestión de las finanzas personales.......................6
   1.1 – ¿Qué es la financiación personal?...............................7
   1.2 - Las tres fases de implementación de las finanzas personales..8
      1.2.1 – Análisis de capital..10
      1.2.2 – Optimización de los ingresos...................................12
      1.2.4 – El presupuesto personal 17
   1.3 – Una mirada hacia las finanzas futuras: la pensión complementaria...20
Capítulo 2 – Importancia de las inversiones y del ahorro........22
   2.1 – Inversiones inmobiliarias...24
   2.2 – Inversiones en bolsa..27
   2.3 – Inversiones domésticas 30
      2.3.1 – Ventajas fiscales 33
   2.4 – La otra cara de la moneda: el ahorro..........................35
      2.4.1 – Fijar objetivos puede ayudar a ahorrar dinero 36
      2.4.2 – La pirámide jerárquica de las necesidades...............39
Capítulo 3 – Definición y cumplimiento del presupuesto 43
   3.1 – Utilización de la moneda líquida 45
   3.2 – Una nueva concepción económica: el razonamiento en porcentaje..47

3.3 – De las finanzas personales a las finanzas sociales 49

3.3.1 – Desglose de los costes para alcanzar objetivos comunes 51

3.4 – Ampliaciones de capital: financiación externa y redefinición del presupuesto 53

Capítulo 4 – Las necesidades esenciales y el ciclo de vida financiero 56

4.1 – Aplicación de un plan financiero 59

4.2 – Gestión monetaria y gestión del riesgo......................60

4.2.1 – ¿Cuánto ahorrar?..64

4.2.2 – El dinero ahorrado como nueva fuente de ingresos .66

4.3 – Confiar la gestión de la cartera a un asesor financiero 67

Conclusiones 69

FINANZAS PERSONALES

Introducción

Las finanzas personales son una disciplina que permite mejorar la gestión de la propia renta a medio y largo plazo. En efecto, la aplicación de una estrategia financiera permite maximizar el ahorro a corto plazo, invertirlo y obtener mayores beneficios en un horizonte temporal más largo. De este modo, puede aumentar su capital monetario y mejorar su bienestar y el de su familia, tanto en la vida laboral como en la jubilación.

Naturalmente, para aumentar su nivel de ingresos, es necesario diversificar sus ingresos, mediante una distribución ponderada y tras un análisis cuidadoso, de sus inversiones, tanto en el mercado inmobiliario como en el mercado de valores. No hay que subestimar las inversiones realizadas en el ámbito doméstico, que permiten aumentar el ahorro sobre una base mensual y sobre una base anual.

Con el fin de gestionar lo mejor posible la totalidad de la situación patrimonial personal, es posible realizar gráficos o documentos que esbocen la situación patrimonial, es decir, la estática en un momento determinado, y la situación económica, es decir, la situación que permite visualizar los flujos de ingresos entrantes y salientes, obteniendo así una visión completa de sus finanzas personales.

La gestión de las finanzas personales no sólo es importante desde el punto de vista de la renta, sino también desde el punto de vista del bienestar general. Una vida económica acomodada y tranquila desde el punto de vista financiero permite disfrutar más de los placeres de la vida, dedicar más tiempo a la propia familia y disminuir, en el tiempo, los sacrificios y las renuncias que la vida requiere.

Capítulo 1 – Gestión de las finanzas personales

En la actualidad, una situación económica óptima determina el bienestar de una persona. Por esta razón es muy importante gestionar el presupuesto de forma óptima y, si es posible, aumentarlo.

La gestión de las finanzas personales tiene el objetivo de determinar el bienestar no sólo económico sino también social de un determinado tema. Este bienestar no sólo se refiere a una situación actual, sino que puede ser la base sobre la que hacer todas las previsiones para determinar la posible situación financiera futura a corto, medio o largo plazo.

Tener una situación clara de las finanzas personales es por lo tanto muy importante para entender los posibles errores cometidos durante la fase de gestión de su presupuesto, para realizar los ajustes apropiados en su estrategia de inversión y para implementar un plan financiero futuro, con la definición de objetivos realistas y posibles, que deberán actualizarse periódicamente.

Por supuesto, la gestión de las finanzas personales requiere, además de la optimización de los ingresos, una reducción y un desacoplamiento del consumo, especialmente en lo que se refiere a los bienes y productos considerados no de primera necesidad.

Por último, existen métodos e instrumentos financieros orientados principalmente hacia el futuro, como las pensiones complementarias. Un sujeto puede decidir si renunciar a parte de los ingresos en el presente para obtener beneficios futuros, o si intentar optimizar sólo los ingresos presentes, sin mirar hacia un futuro más o menos lejano.

1.1 – ¿Qué es la financiación personal?

Con el término finanzas personales se hace referencia a todas aquellas competencias actuales y futuras que permiten gestionar de manera óptima la propia situación económica, con el fin de aumentarla. El objetivo es recrear algún tipo de balance personal, aunque sea aproximativo, para comprender el estado de salud de su economía y la eficiencia de las inversiones realizadas.

Por lo tanto, es necesario un plan financiero real que permita poner en práctica estrategias eficaces a medio y largo plazo.

Una vez puesta en marcha, una estrategia financiera debe ser objeto de un seguimiento continuo o periódico, de modo que pueda corregirse y mejorarse, especialmente durante las fases iniciales. En el caso de que, por falta de tiempo, no se pueda realizar un seguimiento adecuado de su plan financiero, se puede delegar esta tarea en asesores profesionales que, a cambio de una remuneración, podrán introducir los cambios necesarios en la estrategia adoptada.

1.2 - Las tres fases de implementación de las finanzas personales

Una estrategia financiera puede dividirse en tres puntos principales. Desde un punto de vista teórico, cada plan de este tipo debe implementarse minimizando el riesgo asociado a cada operación.

Además, cada fase debe ser acogida y adaptada según sus propias exigencias, ambiciones y objetivos: no existe, pues, un plan financiero perfecto, que cada sujeto puede aplicar libremente a su propia situación. También por esta razón este tipo de finanzas se define como finanzas personales. El dinero inicial, también llamado presupuesto, que el sujeto decide preparar varía en función de la disponibilidad inicial poseída. Algunas personas pueden tener un capital monetario muy alto, posiblemente debido a la buena situación económica de la familia, mientras que otras personas parten de una base monetaria de escasa cuantía. Por supuesto, el primer tipo de sujeto puede definir un plan que prevé inversiones más importantes con una mayor probabilidad de retorno del capital; Por el contrario, el segundo tipo de personas debe elegir entre aumentar el riesgo de las inversiones que se pretenda realizar a lo largo de los años o aumentar el horizonte temporal de las mismas, retrasando el retorno del capital.

1.2.1 – Análisis de capital

El primer paso fundamental para la gestión de las finanzas personales es comprender, de la manera más detallada y precisa posible, cuáles son sus recursos económicos. Para definir esta cifra, es necesario tener en cuenta no sólo los ingresos procedentes del trabajo por cuenta ajena o por cuenta propia, a veces incluso de forma ocasional, sino también todas las propiedades inmobiliarias, los terrenos y bienes en especie poseídos. Por lo tanto, se puede pedir la ayuda de un asesor financiero experimentado para obtener una imagen exacta de tu situación económica, que no sólo permite analizar cada detalle de tu patrimonio, pero que también puede ayudar a un sujeto a elegir un plan que se adapte mejor a sus necesidades.

Sin embargo, lo que debe interesar al sujeto no es la totalidad de los ingresos antes de gastos, sino los ingresos netos, que pueden obtenerse de la diferencia entre los ingresos, fijos y variables, y los gastos, que también pueden dividirse en fijos y variables. El valor obtenido es conocido en el mundo de las finanzas como flujo de caja. Calcular, en teoría, es bastante simple. En la realidad, sin embargo, considerar todos los ingresos y todos los gastos no es fácil. En el cálculo de los ingresos, entendidos como patrimonio, deben incluirse también las cuentas bancarias y las libretas de ahorro, e incluso las acciones en bolsa. En cambio, los gastos van desde el simple consumo para el propio sustento, hasta los costes fijos, como las facturas, pero sobre todo como la cuota de la hipoteca o del préstamo.

Se trata, pues, de una etapa muy importante: cometer un error en el cómputo del cash-flow podría provocar la construcción de un plan financiero totalmente desviado. Así pues, toda la gestión de las finanzas personales depende de este proceso inicial, que permite sentar las bases de toda la actividad operativa posterior y del desarrollo económico futuro.

1.2.2 – Optimización de los ingresos

La segunda fase del proceso de implementación de las finanzas personales se refiere a la forma en que se puede optimizar el flujo de caja inicial. En concreto, con pocas variables, sólo hay dos alternativas para lograr el resultado deseado, es decir, aumentar los ingresos o reducir los gastos.

Con el fin de aumentar el volumen de ingresos, aumentando el patrimonio, es necesario definir estrategias que permitan prevalecer en el mercado de trabajo.

El primer consejo para lograrlo es intentar diversificar las fuentes de ingresos. En efecto, un trabajo asalariado corre el riesgo de convertirse en precario, un trabajo por cuenta propia podría no garantizar un ingreso mensual fijo: los dos ingresos juntos representan un ejemplo de diversificación de los ingresos. Encontrar siempre vías alternativas que garanticen una mayor seguridad y, por tanto, unos ingresos cada vez más elevados es fundamental para sus propias finanzas personales presentes y futuras.

Una vez identificadas las fuentes de ingresos más seguras, es posible construir un verdadero sistema de ingresos. Impulsado por las ambiciones, el ser humano puede lograr resultados realmente increíbles: construir una especie de mecanismo capaz de generar constantemente dinero es uno de ellos. Naturalmente, alcanzar un nivel de este tipo no es nada fácil. Este sistema sólo es posible después de una serie de inversiones, a veces arriesgadas, que permiten ampliar cada vez más su patrimonio, quizás ampliándose en la dirección de las acciones o del mercado inmobiliario. El objetivo del sistema no es solo garantizar unos ingresos fijos cada vez más elevados, sino también reducir gradualmente las horas de trabajo reales para dedicar cada vez más tiempo a la gestión de sus finanzas. Las inversiones forman parte integrante de una estrategia financiera y, en cierta medida, su abandono sería contraproducente. Al mismo tiempo, es necesario evaluar cuidadosamente la validez y la eficacia de la inversión, a fin de evitar pérdidas de capital y las consiguientes reducciones de flujo de caja.

En cambio, la tercera metodología se refiere a la segunda alternativa posible, es decir, la reducción de las salidas. En efecto, una buena gestión de su capital económico y financiero sólo puede llevarse a cabo reduciendo al mínimo los gastos inútiles, evitando totalmente el despilfarro e identificando instrumentos capaces de aligerar, en el tiempo, los gastos fijos, extendiéndolos en más años. Se trata, por ejemplo, de inversiones que permiten ahorrar en las facturas de electricidad y gas, tal vez instalando paneles solares con garantía de 20 años, o re aplicando el préstamo a tipos de interés claramente más favorables. Estas intervenciones requieren un estudio en profundidad antes de ser realizadas. Una decisión equivocada, también en este caso, podría tener un efecto totalmente opuesto al deseado, que, en definitiva, conduce a una reducción del nivel de flujo de caja.

1.2.3 – Gestión del capital

La tercera fase fundamental para una perfecta gestión de las finanzas personales es la gestión del patrimonio adquirido durante la segunda fase. También esta fase requiere mucho esfuerzo y constancia, ya que descuidar tu plan financiero podría provocar importantes efectos no deseados.
La tecnología, en cualquier caso, ayuda al hombre durante la aplicación de esta fase. Existen muchos programas informáticos, algunos de ellos de código abierto, aunque las funcionalidades son más limitadas que los programas de pago, que permiten gestionar gráficos, análisis y previsiones sobre las finanzas hasta ahora implementada. Estos programas permiten incluso gestionar tus inversiones financieras, comprando y cerrando posiciones en los mercados bursátiles y bursátiles, y optimizando aún más el rendimiento de tus inversiones.
Una persona que ha alcanzado una posición de liderazgo en el mercado también debe ser capaz de

eliminar las noticias financieras que le rodean. La evolución de los mercados económicos es imposible de modificar, por lo que no tiene sentido centrarse en noticias financieras no relevantes a nivel personal: la atención debe centrarse únicamente en las propias inversiones, sobre los activos ocupados y sobre el plan aplicado. Por este motivo se habla de dieta mediática: sólo las noticias realmente importantes para las propias finanzas deben ser escuchadas y analizadas, mientras que todas las demás deben ser dejadas en el vacío.

La gestión del capital implica también el seguimiento constante de tu flujo de tesorería. Este elemento puede fluctuar en función de las inversiones realizadas y del período económico atravesado, pero siempre debe mantenerse dentro de un intervalo positivo. A tal fin, es importante mantener únicamente las deudas consideradas buenas, es decir, el tipo de gastos que serán remunerados a lo largo de los años y que compensarán en mayor medida la inversión inicial.

La idea óptima, no siempre factible, sería fijar un objetivo diario que se alcanzara, de modo que se garantizara un ingreso mínimo diario.

1.2.4 – El presupuesto personal

La idea en la que se basan todas las finanzas personales es que todas las personas deben ser consideradas como una verdadera empresa. Se trata, pues, de una gestión precisa y precisa que puede prever la utilización de algunos documentos contables, aunque no sean oficiales. Uno de estos documentos es sin duda el presupuesto, que podrá personalizarse según sus necesidades.

Crear una hoja de cálculo que le permita actualizar constantemente su presupuesto, corrigiendo posibles errores e introduciendo las modificaciones adecuadas, representa para el individuo que quiere optimizar la gestión de su propia finanzas la mejor solución.

El presupuesto personal, por supuesto, tendrá que tener en cuenta sólo algunas partes de un presupuesto corporativo real, pero será importante para poder implementar un plan financiero eficaz. El presupuesto personal podrá pues caracterizarse por dos partidas individuales: los ingresos y los gastos. La fórmula que debe seguirse es la misma que regula cualquier forma económica de cualquier tipo, es decir:

$Y \geq T+C+I$

donde Y representa la renta, es decir, el total de los ingresos, T indica los impuestos y gravámenes que se adeudan periódicamente al Tesoro Público, C es el consumo, mientras que I es la inversión. Esta fórmula se puede imaginar como la simplificación de la regla de oro de la empresa, en la que se tienen en cuenta otras variables, como las importaciones y las exportaciones, la tecnología y diversos coeficientes fijos.

El significado de la fórmula económica anteriormente expresada es simple: los ingresos deben ser iguales o superiores al total de las salidas. Estas últimas incluyen no sólo el consumo de alimentos, ropa, equipos tecnológicos, etc., pero también los impuestos, que pueden ser proporcionales a la renta producida o con tasas progresivas, y finalmente las inversiones, consideradas las únicas deudas realmente positivas, en la medida en que podrían implicar un ahorro futuro.

Como cualquier otra empresa ambiciosa, el único resultado concebible es optimizar cada vez más esta norma, para mejorar constantemente sus finanzas personales. Alcanzar la paridad de los dos miembros de la ecuación significaría alcanzar la posición ideal, al menos desde el punto de vista teórico. En realidad, esta situación se traduciría en una mensualidad sin ningún tipo de ingresos y, por lo tanto, representaría un problema demasiado subestimable. El objetivo de la empresa es acumular una cantidad de dinero cada vez mayor.

La fórmula representa pues la traducción en elementos variables del presupuesto personal realizado. Entenderla y manejarla se vuelve fundamental para un sujeto que quiere optimizar las finanzas personales. Cada sujeto, así como una familia, es considerado el punto de encuentro fundamental entre la oferta y la demanda de cualquier mercado. En efecto, sólo los sujetos físicos, y no jurídicos, pueden trabajar en las explotaciones obteniendo un ingreso y gastar este ingreso monetario en el consumo, según las necesidades personales, o familiares, principales.

1.3 – Una mirada hacia las finanzas futuras: la pensión complementaria

Cada individuo debe decidir si destina una parte de sus ingresos actuales a satisfacer necesidades futuras o si lo utiliza en su totalidad para satisfacer necesidades actuales. La pensión complementaria es una de las decisiones más importantes que se toman en torno al mundo de las finanzas personales. Se trata de una verdadera inversión, pero requiere una elección dictada únicamente por las necesidades personales de un sujeto. En efecto, dependiendo de la cuantía de las rentas percibidas periódicamente, puede decidirse utilizar un porcentaje del mismo para obtener una pensión mayor en el futuro. A nivel personal, es necesario considerar especialmente el factor salud. En efecto, el ser humano atraviesa una fase de declive en la vejez, con el aumento de las probabilidades de sufrir problemas de salud, especialmente después de los 70 años. Por esta razón, la pensión complementaria es, en cierto modo, una de las opciones más objetivas que puede haber en el mundo del mercado.

Al mismo tiempo, sin embargo, la decisión radica en la propensión del sujeto: puede tener problemas de salud actuales, que lo impulsan a utilizar esos fondos para el tratamiento del problema, o simplemente pretende aumentar el patrimonio actual en la medida de lo posible, utilizando esa parte de los ingresos para realizar inversiones adicionales, con un plazo de vencimiento más cercano que el de la edad de jubilación.

Capítulo 2 – Importancia de las inversiones y del ahorro

Si la renta es la variable principal de toda la estructura financiera, la inversión y el ahorro pueden considerarse los elementos que equilibran la ecuación completa. De hecho, para un sujeto que desea optimizar sus finanzas se convierte en fundamental no sólo para identificar una relación entre variables que permite obtener un cash-crecimiento anual positivo, pero también mirar hacia el futuro abriendo deudas que puedan permitir obtener mayores ingresos o ahorros en el futuro.

Una inversión no es más que una operación económica caracterizada por un desembolso inicial, a veces ingente, y por un reparto de la utilidad del bien en un período de tiempo variable, que puede ser de cinco, diez o incluso veinte años según el bien adquirido. Por tanto, el principal elemento que debe evaluarse antes de decidir si realizar o no una inversión es el riesgo. En efecto, toda operación de este tipo está vinculada a un factor aleatorio, que hace referencia a la posibilidad de que el bien tenga una utilidad o un valor inferior al estimado inicialmente.

Las inversiones podrán referirse a la adquisición de bienes muebles, bienes inmuebles o bienes inmateriales. La idea de tales operaciones es que una vez concluida la fase de pago, que podría prolongarse en caso de que se optara por escalonar, la utilidad del bien compensará en mayor medida el valor inicial, ofreciendo así la posibilidad a la persona que ha realizado la compra de obtener una ventaja económica prácticamente libre de cualquier gasto. Por lo tanto, las inversiones pesan considerablemente sobre los flujos de tesorería iniciales, a veces provocando desequilibrios que requieren el recorte de los gastos alternativos, para luego generar un ahorro total en los balances personales futuros.

Por su propia naturaleza, las inversiones en economía se consideran deudas "buenas", es decir, gastos que generan beneficios, a pesar de su impacto negativo inicial en las finanzas de una entidad.

Dependiendo de los bienes adquiridos, se generan diferentes utilidades y modos de compra. La adquisición de cada uno de estos bienes puede deberse a varias razones, como las necesidades familiares, las ambiciones económicas futuras o simplemente el deseo de penetrar en mercados todavía desconocidos y atractivos.

2.1 – Inversiones inmobiliarias

La operación que más sintetiza la idea de deuda "buena" es la inversión inmobiliaria. Comprar un inmueble puede tener varias desventajas. En efecto, además del coste inicial, es necesario tener en cuenta los posibles gastos de renovación necesarios para hacer accesible el inmueble, los costes de mobiliario del edificio internamente y, por último, los impuestos vinculados a tales compras. A pesar de esto, un inmueble puede ser una fuente de ingresos muy importante. Una vez incurridos todos los gastos, un inmueble puede ser útil por varias razones. El primero es convertirse en vivienda principal. En este caso, el sujeto no tendrá que pagar ningún tipo de impuesto sobre el bien inmueble que posea, y mucho menos pagar un alquiler periódico a un tercero para poder residir en un apartamento. En este sentido, la inversión representa una gran fuente de ahorro en el futuro y un activo fundamental para las finanzas personales de una entidad.

Un inmueble también puede ser una fuente de ingresos real. Si el inmueble se alquila mediante contrato, puede generar ingresos fijos anuales, mensuales o semanales, dependiendo del lugar en el que se encuentre el inmueble puede ser más o menos elevado, y la inversión podría ser también muy eficiente a medio y largo plazo. Por supuesto, dado que se trata de una renta real, los ingresos procedentes de un alquiler de este tipo deben estar sujetos a una imposición ordinaria, en Italia conocida por el acrónimo IRPEF, o a una imposición separada, es el denominado cupón seco.

Muchos de ellos han logrado consolidar sus activos mediante la aplicación de una estrategia financiera basada en inversiones inmobiliarias de este tipo. Un inmueble puede ser adquirido ya construido o construido desde los cimientos. Con independencia de la opción elegida por la entidad, para poder financiar una inversión de este tipo es casi siempre necesario negociar un método de financiación con una entidad de crédito, generalmente de tipo bancario. Este tipo de contrato, conocido simplemente con el nombre de préstamo, permite amortizar los gastos de compra del inmueble en diferentes plazos de duración variable según las posibilidades del sujeto. Sin embargo, el pago del plazo del préstamo incluirá intereses a cargo del contratista privado.

Antes de realizar una inversión de este tipo, es aconsejable contar con un asesor financiero que pueda implementar un plan de viabilidad personalizado. Por el contrario, el hecho de aventurarse sin experiencia y sin análisis en un despliegue de recursos excesivos podría no sólo reducir el nivel de ingresos, pero también una compensación futura que no sea capaz de equilibrar el importe de la inversión realizada. En este caso, la deuda transforma su naturaleza, pasando de ser "buena" a ser "mala", obligando a la entidad a buscar vías alternativas para volver a situar la ecuación básica de las finanzas personales en un nivel aceptable.

2.2 – Inversiones en bolsa

El segundo tipo de inversión, según un orden de importancia, se refiere a las operaciones realizadas en los mercados bursátiles y bursátiles. Sin embargo, la problemática de estos tipos de inversión está relacionada con el alto riesgo de cada operación. En efecto, las inversiones en los mercados financieros requieren un gasto de energía, necesario para el análisis de las distintas tendencias, las series históricas y las posibles previsiones de los instrumentos financieros sobre los que se pretende realizar la inversión, no indiferentes. Con independencia del enfoque que se elija, la inversión financiera tiene un riesgo significativo que puede dar lugar a una pérdida.

Sin embargo, gracias a la inclusión del principio de apalancamiento, hoy en día es posible obtener buenos resultados si sólo se invierten unos pocos euros. Sin embargo, esto no significa que cualquier persona pueda invertir en este tipo de mercados de una manera que se base únicamente en el azar: el resultado sería, sin duda, negativo.

Sin embargo, las inversiones en bolsa requieren la aplicación de una estrategia basada en un plazo medio-largo, que prevé la apertura oportuna y el cierre de las posiciones de compra, según la tendencia, las inversiones de tendencia y las anticipaciones del mercado. La dificultad reside precisamente en prevenir los cambios de tendencia debidos a acontecimientos políticos, sociales y económicos que pueden afectar a todo el mercado financiero.

Por lo tanto, el sujeto debe estudiar las bases del Análisis Técnico y del Análisis Fundamental, es decir, de los dos enfoques más eficaces en el mundo del mercado financiero. Gracias a los dispositivos tecnológicos, hoy también es posible realizar operaciones directamente en línea, a través de las aplicaciones y plataformas puestas a disposición por los brókers. De este modo, se garantiza la apertura y el cierre de sus posiciones en el mercado en tiempo real, de forma instantánea.

Para los más expertos en informática y comercio también es posible implementar un sistema conocido como Trading System. Se trata de una estrategia aplicada, es decir, de un programa capaz de realizar de manera totalmente automática, todas las operaciones de apertura y cierre, o de espera cuando sea necesario, sobre la base de los algoritmos introducidos por el programador.

En efecto, hay una serie de indicadores que te permiten leer mejor el mercado financiero, aunque, naturalmente, la lectura de los acontecimientos futuros no puede ser fiable al 100%. Estos indicadores, como por ejemplo los puntos de máximo y mínimo relativo o de máximo y mínimo absoluto, permiten hacer suposiciones más precisas sobre cuál será la tendencia futura: si la tendencia alcanza un punto de mínimo absoluto, Según su evolución fluctuante, es probable, pero no seguro, que su evolución vaya a subir.

Una buena estrategia de inversión financiera basada en los mercados bursátiles y bursátiles puede ayudar a las finanzas personales en su conjunto. Los ingresos, esta vez, no están garantizados, y el riesgo de incurrir en pérdidas es bastante alto, especialmente para aquellos que no analizan suficientemente el mercado. Sin embargo, al mismo tiempo, esta estrategia puede conducir a un aumento considerable de los ingresos y garantizar un mejor sustento tanto para el presente como para el futuro.

2.3 – Inversiones domésticas

El último tipo de inversión son las compras de bienes útiles para el hogar que permiten distribuir su utilidad en varios años. Se trata de compras comunes, pero tienen un mayor impacto sobre la economía y las finanzas de una entidad.

La inversión que quizás une a las personas más que a los demás es la inversión en la adquisición de un automóvil. Hoy en día, los automóviles se consideran bienes de primera necesidad. La razón es simple: sólo a través del coche podrás llegar rápidamente a tu puesto de trabajo, ir de compras, viajar, etc. Sin embargo, la particularidad de esta inversión es que también afecta a los costes fijos: la compra de un automóvil incluye también los gastos de seguro, el pago de la estampilla y los gastos de repostaje.

Otras inversiones en este ámbito se refieren a la adquisición de activos que generen menos costes fijos actuales y futuros. La compra de electrodomésticos, por ejemplo, especialmente los de última generación, permite a los compradores ahorrar en el coste de las facturas, ya que la cantidad de electricidad, de gas y de agua corriente consumida son considerablemente inferiores. Las lavadoras, los lavavajillas, las secadoras, los frigoríficos, los hornos eléctricos y muchos otros electrodomésticos de este tipo se consideran la base de un mayor ahorro general.

También en este caso las compras deben ser bien ponderadas. A fin de no afectar significativamente a los ingresos mensuales, es posible redistribuir la inversión en varias mensualidades, mediante el pago de una cuota fija, a través de diversos tipos de financiación.

Lo que afecta a la decisión de compra de este tipo, tanto en lo que se refiere a los electrodomésticos como a los automóviles, es el ahorro de un elemento que siempre hay que tener en cuenta: el tiempo. En efecto, la sociedad actual exige cada vez más tiempo para realizar cualquier tarea, aumentando el frenesí, el estrés y reduciendo el tiempo libre a disposición de los ciudadanos. A través de este tipo de inversiones, por el contrario, se puede recuperar parte de ese tiempo que, aunque no afecta directamente a la regla básica de las finanzas personales, puede tener una influencia indirecta en cada una de las variables consideradas.

Por lo tanto, la utilidad de estos activos debe repartirse a lo largo de varios años, lo que permite recuperar la inversión inicial en unos pocos ejercicios. De este modo, los ingresos se reducirán primero y, a continuación, aumentarán, lo que generará un mayor beneficio.

2.3.1 – Ventajas fiscales

Además de las ventajas del mayor ahorro, la inversión en bienes y productos domésticos garantiza un beneficio adicional. Anualmente, en la declaración de la renta y siempre que se cumplan todos los requisitos, es posible deducir el importe pagado por la compra de estos bienes (excepto por el automóvil).

El valor pagado por la compra del bien, incluido el IVA, se divide en diez plazos anuales: sobre el importe obtenido de esta operación puede aplicarse un porcentaje de deducción del 50 %. En otras palabras, es posible recuperar la mitad del precio pagado por la compra de su electrodoméstico, o de un elemento de mobiliario de la casa, en un plazo de diez años.

Por lo tanto, es importante prestar atención a la forma en que se adquiere el bien en cuestión, ya que es precisamente este método el que determina si se puede deducir o no. Por ejemplo, la Hacienda no contempla la compra en efectivo, mientras que la compra mediante tarjeta de crédito, cajero automático o transferencia bancaria se acepta a efectos fiscales, con la obligación de conservar todos los documentos expedidos por la empresa de venta, incluyendo el llamado recibo parlante.

De este modo, además de obtener beneficios del uso de los bienes adquiridos, debidos principalmente a un mayor ahorro, una entidad puede recuperar anualmente una décima parte de la mitad del importe pagado, Esta vez, en términos monetarios, por un período de diez años.

Por lo tanto, es muy importante consultar a un asesor laboral o a un contable antes de tomar la decisión de realizar la inversión, de modo que se conozcan todos los requisitos, se actualicen de conformidad con la normativa fiscal que permita deducir el importe del bien que se pretende adquirir.

2.4 – La otra cara de la moneda: el ahorro

Si, por una parte, las inversiones dan lugar a un aumento, a veces significativo, del valor de los activos a disposición de una persona y, por consiguiente, de los ingresos de la misma, por otra parte, su utilidad es aumentar el ahorro. Esta relación de causa-efecto provoca, en la fórmula básica de las finanzas personales, tanto el aumento del elemento Y, es decir, la renta, como la disminución de la variable C, es decir, el consumo.

Por lo tanto, no hay que subestimar la doble función de las inversiones, ya que representan la forma más fácil de ampliar el abanico económico de un sujeto, garantizando a éste un mayor bienestar, especialmente en el futuro. Naturalmente, es importante destinar sólo una parte de los ingresos a la realización de inversiones, porcentaje que, sin embargo, no influye demasiado en el bienestar actual. El riesgo de tener que renunciar a comprar comida hoy para estar mejor mañana, es un concepto económico de inversión totalmente equivocado. Solo si el bienestar actual no se ve afectado, la inversión será útil en el futuro.

Por esta razón es importante seguir algunos consejos que pueden ayudar en la gestión del ahorro personal e incluso en la elección de hacer o no una inversión. El primero es fijar objetivos diarios que permitan controlar el propio nivel de ahorro; el segundo implica la construcción de una pirámide de las necesidades, que permite efectuar un considerable descremado de compras inútiles.

2.4.1 – Fijar objetivos puede ayudar a ahorrar dinero

El primer consejo que los expertos en finanzas personales dispensan es fijar objetivos diarios que puedan mejorar su situación económica. Esta metodología aplicada permite obtener pequeñas ventajas y beneficios cotidianos, que gradualmente pueden afectar a toda la ecuación de ingresos.

Los objetivos económicos y financieros pueden referirse, en particular, a la renuncia a la compra de bienes y productos considerados no importantes o, en todo caso, no esenciales, al menos durante el día. Estas renuncias representan la mejor manera de acumular un ahorro, que puede asumir cada vez mayor influencia en las finanzas personales.

Por supuesto, el ahorro debe gestionarse de forma objetiva. Renunciar a todo elemento que pueda aportar un mayor bienestar, aunque a veces parezca inútil, no obstante, puede dar lugar a una disminución de la moral y a una tendencia cada vez menos convencida a la aplicación del plan financiero inicialmente previsto. Sin embargo, también es cierto que las renuncias tendrán que ser mayores si la persona ha destinado recientemente parte de sus ingresos a una inversión determinada. En este caso, el riesgo de que la renta no respete la desigualdad aumenta considerablemente.

Las renuncias pueden referirse a la falta de compra de un helado, por ejemplo, de un vestido o de un simple café en el bar. Todo esto parece muy pequeño, pero puede afectar a todo el plan financiero. Precisamente porque se consideran pequeñeces, éstas deben ser consideradas inútiles por los sujetos, que pueden fácilmente privarse de ellas.

Para comprender qué gastos son inútiles y exigibles, es posible marcar con detalle todos los movimientos salientes, tanto en dinero líquido como mediante tarjetas de crédito o tarjetas de prepago. De este modo se puede ver la inutilidad de algunos gastos. Si se adopta esta metodología durante varias semanas se puede entender cada vez más cómo estos gastos pueden afectar a los ingresos: precisamente esta idea debe inducir a la persona a renunciar a estos bienes o servicios, tal vez fijando objetivos diarios que puedan servir de elementos motivadores.

2.4.2 – La pirámide jerárquica de las necesidades

La segunda metodología que puede ayudar a las personas a ahorrar cada vez más ingresos se refiere a la creación de una pirámide personal de las necesidades. Esta pirámide, por lo general, es común a la mayoría de los sujetos, especialmente a aquellos que desean aplicar un plan financiero personalizado a medio y largo plazo.

También en este caso, la creación de una pirámide requiere compromiso y aplicación por parte de los sujetos. Subestimar estas operaciones y considerarlas inútiles puede llevar a una mala gestión del dinero, creando vacíos económicos que pueden arruinar toda la financiación personal, no desde el punto de vista económico, sino desde el punto de vista organizativo. En efecto, los gastos menores e inútiles, así como los gastos diarios, pueden provocar, por ejemplo, un aplazamiento o una renuncia a la compra de un bien plurianual, es decir, a la realización de una inversión.

Desde cualquier punto de vista, este comportamiento no es aceptable en el mundo financiero.

Este modelo piramidal recorre lo que ya había esbozado Maslow con su pirámide de necesidades.

La base de la pirámide está constituida por los gastos efectuados para el sustento, es decir, los gastos considerados irrenunciables. Se incluyen aquí los productos alimenticios primarios, los gastos vivos, como el agua, la electricidad y el gas, pero también los gastos de transporte, ya sea por medios propios o por medios públicos, y para el mantenimiento de los bienes plurianuales. No hay que olvidar el consumo de medicamentos. Se trata, pues, de bienes que satisfacen las exigencias fisiológicas, laborales y profesionales que permiten mantener el equilibrio financiero a lo largo del tiempo.

En la segunda categoría pueden incluirse los gastos relativos a las compras de alimentos que no se consideran necesidades básicas, los gastos necesarios para la realización de actividades deportivas o de aficiones, sino también los gastos realizados para comprar ropa variada. Los teléfonos inteligentes, los ordenadores personales y los dispositivos móviles se equiparan hoy en día a los productos de primera necesidad, razón por la cual sus compras se incluyen ahora en este rango de consumo. En este contexto, se incluyen también los gastos efectuados para garantizar una seguridad adecuada para sí mismos y para su familia.

La tercera categoría de consumo, que puede situarse inmediatamente por debajo de la cima de la pirámide, se refiere a los gastos en que se ha incurrido para garantizar su pertenencia. Son los gastos relativos a la compra de consumiciones en establecimientos públicos y otros productos los que pueden garantizar el mantenimiento de un alto nivel de aceptación social, para aumentar su propio nivel de autoestima y para establecer una buena reputación tanto en el ámbito familiar, social y profesional. Muy importantes desde el punto de vista moral, los viajes a veces son un coste excesivo, por lo que no siempre son bien recibidos en un plan financiero de este tipo. También se incluyen aquí los gastos de publicidad, las solicitudes de servicios de todo tipo que pueden ser aplazadas o canceladas.

Por último, el pico de la pirámide incluye todo el consumo relacionado con la satisfacción de los vicios personales. Se incluyen aquí los gastos relativos a la compra de alcohol, cigarrillos y apuestas deportivas. Estos son los consumos que más fácilmente se pueden eliminar de sus hábitos.

Casi todos los sujetos siguen esta pirámide de consumo y, por lo tanto, están obligados a reducir el consumo, empezando por la cima de la pirámide y bajando gradualmente de la banda según las necesidades. Si se llega a cortar la banda que está en la base y la siguiente significa que el plan financiero está sufriendo alteraciones no beneficiosas; Por el contrario, si el sujeto logra gradualmente renunciar sólo a las bandas de consumo que se acercan a la cima, significa que sus finanzas personales van a la perfección y que los resultados, pronto, podrían ser aún mejores.

Capítulo 3 – Definición y cumplimiento del presupuesto

Una entidad que entra en la órbita de la optimización de sus finanzas tiende a buscar constantemente nuevas alternativas que le permiten aumentar cada vez más los ingresos y el patrimonio acumulado. Si el resultado obtenido se aproxima al deseado, entonces será posible actualizar constantemente los objetivos económicos que se pretende alcanzar y la forma de alcanzarlos.

Desde los primeros pasos en este ámbito, un sujeto que quiere gestionar sus finanzas debe establecer un presupuesto. Este presupuesto puede fijarse en un porcentaje fijo del total de los ingresos poseídos. De este modo, una parte de su patrimonio se mantendrá intacto y sólo se utilizará en caso de que se produzcan gastos imprevistos y extraordinarios. El presupuesto deberá utilizarse para el pago de impuestos y tasas, de todos los consumos y de las posibles inversiones apoyadas, convirtiéndose así en la renta de referencia en la ecuación anteriormente mencionada. Sin embargo, la definición del presupuesto debe ser realista y tener en cuenta los gastos analizados anteriormente.

La dificultad radica en el conocimiento de que hay dinero detrás que permite cubrir gastos inoportunos. Sin embargo, esto parece ser una suposición totalmente incorrecta en la gestión de las finanzas personales: En efecto, el presupuesto debe ser el único ingreso con el que contar y el cumplimiento de esta norma es fundamental para lograr un resultado eficiente y eficaz en el tiempo.

Dentro del plan financiero, hay varios métodos que permiten respetar completamente el presupuesto, sin afectar a la parte de los ingresos que la entidad ha decidido dejar a fondo. La excepción presupuestaria sólo puede existir si los ingresos aumentan de forma constante y, por tanto, la parte del patrimonio destinada a cubrir el consumo y los gastos puede actualizarse porcentualmente.

3.1 – Utilización de la moneda líquida

La primera metodología que permite respetar el presupuesto es el uso de dinero líquido. En efecto, el uso de la tarjeta a menudo no permite gestionar de manera óptima sus ingresos. En efecto, muchos expertos, tanto de las finanzas como de la psicología humana, dan mucha importancia al efecto óptico creado por la cartera: el hecho de verlo abundante en billetes garantiza un bienestar individual muy elevado. La operación de gasto, por el contrario, induce al ser humano a una especie de melancolía, que induce al sujeto a frenar su consumo.

Para algunas personas, también es posible establecer un presupuesto diario basado en el presupuesto mensual previamente establecido. Sin embargo, el presupuesto diario debe basarse en las compras realizadas únicamente en efectivo, de modo que se active en el sujeto el proceso psicológico antes mencionado, aumentando así el índice de ahorro. El presupuesto diario no gastado se puede poner al final del día en los ingresos ahorrados o reutilizados para el presupuesto del día siguiente, según sus necesidades.

Cada vez más sujetos, dedicados al cuidado de las finanzas personales, están optando por esta simple opción, que les permite gestionar lo mejor posible su patrimonio. Por supuesto, hoy en día es casi imposible no comprar en línea o con tarjeta de crédito o prepago, pero el consejo es reducir al máximo este tipo de salidas.

3.2 – Una nueva concepción económica: el razonamiento en porcentaje

El segundo consejo sobre la gestión y el respeto del presupuesto se refiere a la mentalidad humana. El consumismo, desde la Revolución Industrial hasta hoy, ha influido en la forma de pensar de todo el planeta. De hecho, cada compra se valora generalmente sobre la base del precio. Esto debe ser considerado adecuado por el comprador, tanto si conoce el precio histórico del bien como en relación con la calidad del mismo producto. Se entra así en una óptica que tiende a ocultar la verdadera solución comercial que permite ahorrar sus ingresos y respetar el presupuesto: el razonamiento en porcentaje.

Cada transacción de compraventa, en efecto, debe realizarse solamente como resultado de la definición del porcentaje de renta que la entidad ha decidido destinar a ese tipo de producto. Por ejemplo: si un individuo quiere comprar un vestido, sólo podrá gastar el 30% del presupuesto disponible en el mes. A su vez, este porcentaje representa entre el 10 % y el 15 % de los ingresos totales, lo que supone un ahorro debido a la diferencia de porcentaje. Sin embargo, el razonamiento debe desarrollarse y estudiarse ya durante la elaboración del presupuesto mensual. Destinar, sin excepción, cada parte del presupuesto a la compra de determinados bienes es fundamental para que su plan financiero sea aún más eficiente.

Sin embargo, hay que tener mucho cuidado para saber cuáles son las prioridades generales y las prioridades mensuales: en este caso, la asignación porcentual de las diferentes partes monetarias del presupuesto nunca podrá coincidir. Por supuesto, esta división debe realizarse también siguiendo la jerarquía de las necesidades establecidas en la propia pirámide personal. De este modo, cada paso se convierte en una fase previa a la siguiente, y el plan financiero adquiere cada vez más una forma consistente y, sobre todo, eficaz.

3.3 – De las finanzas personales a las finanzas sociales

A pesar de todas las dificultades sociales, económicas y empáticas, en la vida uno nunca está completamente solo. Cada sujeto puede contar con una familia a sus espaldas, con sus padres, con amistades o con relaciones profesionales, que de alguna manera pueden ampliar el concepto de finanzas personales. En este sentido es posible implementar diferentes planes financieros, cada uno personalizado en un campo de compra específico. La eficacia de estos planes individuales depende en gran medida de la capacidad de la entidad para atraer a diferentes actores de las finanzas personales, que pertenecen al entorno interno, la familia y los padres, o al exterior, amigos y colegas.

Llevar a cabo un proyecto financiero social, es decir, que se ejecute con más de un presupuesto, para alcanzar objetivos comunes, es uno de los métodos que más está influyendo en el mercado actual. En efecto, muchos agentes, a raíz de la crisis económica que ha afectado a todo el planeta, han decidido colaborar y cooperar para adquirir bienes y productos, cuya utilidad puede distribuirse entre varias personas o familias. En general, estas compras se refieren a productos plurianuales que requieren una inversión considerable.

Esta actitud es considerada por muchos expertos como una forma de adaptación al mercado. Las finanzas personales siempre han estado en contra de las restricciones presupuestarias excesivas y de la reducción total del consumo, ya que el bienestar individual depende también de las pequeñas satisfacciones que pueden dar incluso las compras más triviales. Por esta razón, se puede hablar cada vez más de las finanzas sociales. Los esfuerzos realizados por cada uno de los miembros de la familia también forman parte de una óptica de cooperación de este tipo, en la medida en que cada uno de los dos socios pone a disposición su propio porcentaje del presupuesto para poder alcanzar el mismo objetivo, definido en el mismo plan financiero.

Los puntos fundamentales de las finanzas personales, familiares y sociales a menudo se ponen en práctica sin saberlo. Todos los días familias enteras luchan a través de prácticas de ahorro y de reducción del consumo para poder llegar fácilmente al final del mes; Otras, por el contrario, adoptan esta línea presupuestaria para ahorrar un pequeño porcentaje de ingresos para poder regalar las merecidas vacaciones tras un año de trabajo duro. Implementar todo esto en un plano escrito y bien definido no sólo puede permitir que la gestión de los ingresos sea más eficiente, sino que puede conducir a lograr mayores satisfacciones. Aunque la teoría parece muy diferente de la realidad, al final siempre se encuentran ejemplos llamativos que demuestran que lo que se supone al final ocurre en la vida cotidiana.

3.3.1 – Desglose de los costes para alcanzar objetivos comunes

En cualquier ámbito social, pero aún más en un contexto económico y financiero de este tipo, el reparto de los costes representa una ganancia. Este concepto no se aplica sólo al ámbito puramente económico, sino que es posible extender los beneficios hacia lo que más caracteriza al hombre, es decir, su personalidad.

Afrontar un gran obstáculo, como una inversión, en dos o más personas permite, en efecto, rendirse menos fácilmente a los sacrificios a los que el ser humano está llamado, pero permite también garantizar un apoyo moral constante. La propia elección de emprender una inversión depende a menudo de la presencia de otras personas, capaces de acompañar al individuo hasta el final del período de tiempo marcado por el pago de los plazos, y luego disfrutar libremente de los frutos del dinero gastado.

Desde el punto de vista de las finanzas personales, por el contrario, la inversión dividida permite completar su trayectoria financiera, esbozada en el plan inicial, en modos mucho más cómodos. Los ingresos, por supuesto, o mejor dicho el presupuesto, se reducirán en un porcentaje muy inferior al de una inversión personal. Lo más importante es que el reparto de los costes influye considerablemente en la probabilidad de alcanzar los objetivos finales fijados. De hecho, si se destinan mayores ingresos a otros consumos, al pago de impuestos y a la satisfacción de las necesidades básicas propias o de la familia, también se tiende a aumentar la tasa de ahorro. La consecuencia más importante es que todo el plan financiero debe reevaluarse, no en términos negativos, sino de forma totalmente positiva. En efecto, los objetivos fijados se alcanzan en menos tiempo del previsto y el sujeto puede tener un nivel de bienestar óptimo.

3.4 – Ampliaciones de capital: financiación externa y redefinición del presupuesto

En el caso de que la evaluación financiera inicial no haya dado los resultados esperados, las consecuencias pueden ser múltiples, mientras que las soluciones a este problema son muy pocas. Si la totalidad de los ingresos no es suficiente para sostener el consumo y las inversiones realizadas, entonces es necesario intervenir rápidamente para evitar problemas futuros mucho más graves, que también pueden conducir a la quiebra financiera personal.

En los casos más extremos, es decir, en los que la reducción del nivel de consumo o el reparto del coste de las inversiones han resultado ineficaces, la única solución posible es la redefinición de la propia renta. Los primeros intentos deben referirse sólo a las propias fuerzas: es necesario encontrar un segundo trabajo que garantice un ingreso mayor o una profesión diferente, que permita, en cualquier caso, redefinir el capital monetario en posesión. Si bien estos métodos también han fracasado, lo único que queda por hacer es buscar fondos financieros en las denominadas entidades de crédito, conocidas simplemente como bancos. Pedir un préstamo, una pequeña financiación o una hipoteca, permite hacer respirar las propias finanzas, ajustar las inversiones que han creado esta situación de incomodidad y eliminar aún más el consumo.

Por supuesto, la obtención de un préstamo, especialmente en la actualidad, no es nada fácil. Los bancos exigen cada vez más garantías antes de conceder préstamos y, en general, una entidad que muestra una situación económica negativa no siempre puede ofrecer lo que se le pide. Sin embargo, la nueva definición del presupuesto general es el único método que permite recuperarse gradualmente de la situación negativa en que se ha sumido. El mundo de las finanzas, en efecto, puede regalar diversas alegrías, pero también muchos riesgos y dolores. Precisamente por este motivo es importante definir el plan inicial de forma correcta, sin basar la economía en pilares frágiles y sin perseguir objetivos inalcanzables.

Capítulo 4 – Las necesidades esenciales y el ciclo de vida financiero

Todo el mundo financiero se basa en dos conceptos fundamentales: la evolución de las necesidades humanas y el tiempo necesario para afirmarlas. Las necesidades básicas del ser humano están en constante evolución y el mercado comercial tiende a adaptarse a gran velocidad a estos cambios. Sólo el hombre parece no darse cuenta de que está en constante evolución, que cambia constantemente sus placeres y pasiones y que sigue un hilo empático que une a todo el planeta.

La vida del hombre puede resumirse en un gráfico explicativo, basado en una de las teorías económicas más importantes de la historia, la del ciclo de vida ideado por Modigliani. Esta teoría, adaptada al ser humano, identifica esencialmente tres fases cíclicas para cada individuo: la primera es la juvenil, la segunda la laboral y, por último, la fase de jubilación. Dentro de este gráfico se pueden observar dos curvas diferentes, la de la renta, que toma la forma de una parábola invertida, y la de los consumos, que adopta la forma de una semi curva con tendencia al alza.

Durante la fase juvenil, los seres humanos tienen muchas ideas, pero muy poco o ningún ingreso para realizarlas. Ésta, a pesar de la falta de fondos propios, es la fase en la que se gasta más en cosas inútiles que el resto de la vida, se invierte poco y no se pagan impuestos. Sin embargo, la falta de ingresos conduce a la generación de deudas, que solo pueden cubrirse mediante la intervención de los padres.

En cambio, la fase laboral se caracteriza por una tendencia ascendente y descendente de los ingresos. Sin embargo, la línea de consumo permanece permanentemente por debajo de la primera, por lo que se crea un importante excedente de ahorro, debido a la diferencia entre estas dos curvas. En esta fase se pagan las deudas previamente acumuladas y se intenta reservar parte del capital monetario para gastos futuros. Las ideas de los jóvenes pueden hacerse realidad en parte o puede decidirse seguir un camino completamente diferente. En general, especialmente en las últimas décadas, la mayoría de las personas han intentado seguir el camino marcado por sus propios itinerarios escolares y universitarios.

La última fase del ciclo de vida de las finanzas personales es la jubilación. En esta fase, la curva de ingresos vuelve a ser inferior a la del consumo y, como consecuencia de ello, se crean de nuevo deudas. Sin embargo, si se analiza con más detalle la vida de un pensionista, se ve que el consumo real es relativamente reducido, excluyendo el de subsistencia y los posibles medicamentos. Sin embargo, las deudas son creadas por la demanda de ayuda de los jóvenes que, sin ingresos, hacen referencia al capital monetario ahorrado por sus padres o abuelos.

4.1 – Aplicación de un plan financiero

Por consiguiente, la aplicación del plan financiero que guía la trayectoria económica de una entidad debe basarse en esta idea. En particular, las finanzas personales sólo podrán gestionarse una vez que se empiece a percibir un ingreso mensual fijo, es decir, cuando comience la denominada fase laboral.

Precisamente en esta fase se concentran todas las operaciones de reducción del consumo y de optimización del ahorro, quizás aplicando estrategias basadas en inversiones de diversos tipos.

En términos más precisos, la fase de trabajo debe garantizar el mantenimiento de todo el ciclo de vida de las necesidades esenciales. En función de la inversión y de la cantidad de trabajo realizado, la edad de jubilación puede ser mucho más cómoda. El ejemplo más clásico es la inversión inmobiliaria, que, además de aumentar el patrimonio personal, puede convertirse en una verdadera fuente de ingresos, levantando así la curva de ingresos y reduciendo la deuda que se crea. Además, pueden convertirse en herencia para sus hijos, lo que les permitirá evitar a su vez el sacrificio de sus padres durante su vida laboral.

Si a esto se añade la adhesión a una modalidad de previsión complementaria, el futuro puede parecer muy prometedor. El consumo seguirá siendo muy elevado, pero también aumentará considerablemente su presupuesto.

4.2 – Gestión monetaria y gestión del riesgo

Existen materias que examinan de manera detallada la gestión de su capital monetario y la del riesgo. Estas ideologías se basan en la idea de que no hay que apresurarse a gastar tu dinero, sino que hay que encontrar el momento adecuado para invertir tu dinero, especialmente si se realizan inversiones en el mercado inmobiliario y en el mercado de valores.

Para obtener el máximo beneficio de este tipo de transacciones, es necesario analizar en detalle las series históricas de cada producto, el estado de salud del mercado en ese momento y las previsiones de evolución de los precios futuros. En el momento en que se cerró la operación, muchas partes interesadas recibieron la noticia de que la inversión se había realizado en el mejor momento posible. Esta frase, sin embargo, oculta falsas verdades: no es posible saber con certeza si el momento era realmente el mejor posible, en la medida en que el mercado podría en el futuro emprender una tendencia negativa capaz de reducir considerablemente los precios de los bienes considerados, haciendo el gasto realizado como excesivo.

Otras veces, la bajada de precios no es consecuencia únicamente de las fluctuaciones del mercado, sino que indica la presencia de un riesgo elevado inherente a la operación. La evaluación de riesgos es otro de los momentos decisivos que determina la validez y la eficacia de su estrategia financiera. Esta evaluación es estrictamente personal. En efecto, cada individuo puede definirse más o menos propenso al riesgo: un sujeto poco dispuesto aceptará pagar más para arriesgarse menos, mientras que un sujeto más propenso asumirá el riesgo pagando menos. En el primer caso, la estrategia esbozada no debería presentar ninguna variación, pero está vinculada a un índice de riesgo muy bajo. En el segundo caso, por el contrario, es posible que la evolución siga la previsión realizada por el sujeto de ensayo y que éste obtenga un gran beneficio en términos económicos, O bien puede surgir una realidad totalmente opuesta que genera deudas futuras incluso bastante importantes.

Para lograr una buena y eficiente gestión del capital monetario, sería conveniente encontrar una fuente de ingresos lo antes posible, para terminar inmediatamente la fase juvenil del ciclo de vida y empezar a generar ahorros en lugar de deudas. Al mismo tiempo, sería importante retrasar en la medida de lo posible la fase de jubilación, que determina la fase ascendente de la curva de ingresos y la generación de nuevas deudas. Por tanto, es importante prolongar y ampliar el período de tiempo de la fase de trabajo del ciclo de vida, ya que permite adoptar estrategias de Money Management lo más prudentes posibles.

La gestión del capital y del dinero está siempre vinculada a una concepción porcentual del presupuesto disponible. Cada día se gastan en bienes y servicios porcentaje reducido de presupuesto: estos porcentajes deberán mantenerse bajo control permanente y se evitarán porcentajes excesivamente elevados que puedan deteriorar rápidamente el capital monetario total aportado. No ahorrar durante la fase laboral del ciclo de vida significa afrontar una fase de jubilación llena de sacrificios, sin tener la posibilidad de ayudar y apoyar a las generaciones futuras.

4.2.1 – ¿Cuánto ahorrar?

La pregunta que surge espontánea entonces es: ¿cuánto ahorrar? ¿Qué porcentaje debería asignarse a diario para el consumo y cuánto aumentará la renta ahorrada?
También en este caso la respuesta es puramente personal y depende del estilo de vida adoptado. Un sujeto al que no le guste salir por la noche, comer en pizzería con sus amigos y reunirse a diario en el bar puede ahorrar más que un sujeto que lleva a cabo todas estas actividades sociales. Así pues, ir y asistir a la sociedad lleva a consumir cada vez más erosionando su capital monetario.
En términos generales, se puede decir que se debe ahorrar entre un 25 % y un 30 % de los ingresos mensuales, asignando toda la parte restante al consumo y al sustento. Esta última porción de capital monetario no debe ser consumida a toda costa: el mes puede reservar sorpresas, acontecimientos extraordinarios que pueden afectar negativamente o positivamente a sus finanzas personales.

Por lo tanto, se puede dividir el 75-70% restante para el número de días, gastando el 3,5% diariamente. Este porcentaje representa sin duda la media mensual, pero normalmente habrá días con un porcentaje de consumo de alrededor del 7-8% y días con porcentajes de consumo por debajo de la media. Es importante hacer un seguimiento de esta evolución, ya que un consumo medio de entre el 6 y el 7% al mes puede complicar su estrategia financiera haciendo los sacrificios realizados hasta entonces completamente vanos.

Si el individuo decide realizar una inversión, el nivel de consumo y la media porcentual deberán disminuir durante todo el período de compromiso de pago de los plazos. Entre el 70 % y el 75 % se repartirán entre el 5 % y el 10 % mensual que se deje para apoyar la inversión, mientras que el resto se destinará al nuevo presupuesto de subsistencia. En una familia con dos o más hijos, realizar este tipo de estrategias no es fácil, especialmente si se trata de una familia de un solo ingreso.

4.2.2 – El dinero ahorrado como nueva fuente de ingresos

Una gestión completa de las finanzas personales implica la reutilización de la parte de los ingresos ahorrados. Si una persona puede ahorrar a lo largo de los años una buena cantidad de dinero, entonces puedes diferenciar tu estrategia financiera mediante la realización de inversiones en varios sectores, ampliando las fuentes de ingresos e implementando un plan de gestión del capital monetario y del riesgo específico para cada tipo de estrategia adoptada.

Una vez dentro de un concepto financiero destinado a optimizar los ingresos y la utilización del centellante de la moneda, el ahorro acumulado no puede mantenerse fijo para siempre. Si se está dispuesto a volver a hacer sacrificios para aumentar cada vez más su presupuesto, los mismos importes ahorrados deberán utilizarse de la misma manera que se utilizaron los primeros ingresos monetarios, sino en diferentes sectores. La diversificación de las fuentes de ingresos es importante para garantizar los ingresos en todo momento, incluso en caso de crisis del sector o en caso de que la estrategia puesta en práctica resulte ser repentinamente fallida, debido a las variaciones del mercado en el que se está actuando.

4.3 – Confiar la gestión de la cartera a un asesor financiero

Una vez que el capital monetario disponible haya alcanzado un volumen y un valor óptimos, la gestión de su cartera financiera deberá asignarse a asesores expertos en este ámbito, con el fin de seguir realizando sus inversiones, pero con una acción mucho más específica que la que puede llevarse a cabo individualmente. Confiar la gestión a un asesor financiero es también una manera de seguir ganando, abandonando gradualmente su trabajo, de modo que se encamine hacia la fase de jubilación, manteniendo, no obstante, ingresos garantizados distintos de la pensión.

Este consejo es válido tanto para aquellos que han invertido en el mercado inmobiliario como para aquellos que han invertido en el mercado de valores: ambas inversiones pueden continuar, pero de una manera diferente a la anterior.

La vida no se puede hacer sólo de trabajo y sacrificios, y este paso representa de alguna manera la voluntad de disfrutar de la cosecha de todo lo que se ha logrado sembrar durante toda la fase de la vida laboral.

Conclusiones

Así pues, el logro de los objetivos financieros y económicos depende estrechamente de cómo un sujeto decide vivir su vida. La falta de renuncia puede llevar a obtener beneficios actuales, pero no permite aumentar su patrimonio de manera suficiente para garantizar un sustento adecuado en la vida futura, es decir, cuando una persona termina su vida laboral y comienza la jubilación. En cambio, una vida de sacrificios permite disfrutar de los frutos de su trabajo, de las estrategias adoptadas y de los planes financieros implementados, no sólo en el presente, sino también en el futuro, modificando radicalmente el ciclo de vida en la renta.

Por lo tanto, para alcanzar todos los objetivos fijados, es necesario invertir parte de los ingresos en diversos ámbitos y gestionar el consumo de forma óptima. La eliminación de todos los gastos considerados, desde el punto de vista económico, inútiles, permite mejorar claramente su situación. Es posible establecer planes de ahorro a muy corto plazo, incluso diarios, con límites de gasto bien estudiados y definidos. Una vez alcanzado un determinado importe, los ingresos ahorrados podrán reutilizarse para realizar nuevas inversiones.

Por supuesto, el ahorro debe regularse, y no debe suponer un porcentaje de los ingresos que sea demasiado bajo o demasiado alto. En efecto, un ahorro excesivo podría crear un descontento, que lleva al desaliento total y a la renuncia a adoptar los planes estratégicos prefijados. Por eso es muy importante equilibrar siempre todo, de modo que podamos mantener un equilibrio moral y monetario, fundamental para nuestro futuro, pero sobre todo para el presente.

Si no se tiene la certeza de garantizar el mantenimiento de este equilibrio, es necesario contar con un asesor financiero externo que, además de definir la estrategia ideal sobre la base de las disponibilidades económicas, La Comisión de Asuntos Económicos y Monetarios y de Política Industrial, Empleo y Medio de Trabajo, Salud Pública y Protección del Consumidor. En particular, el asesor supervisará los gastos y gastos del período para averiguar cuáles son los consumos innecesarios que podrían ser eliminados y permitirá encontrar nuevas vías para aumentar los ingresos poseídos. En efecto, el asesor financiero es un experto tanto en la denominada Money Management como en la Risk Management, dos disciplinas fundamentales dentro de las finanzas personales. Por otra parte, podría gestionar totalmente el presupuesto destinado a las inversiones en el mercado bursátil: en función de las exigencias y necesidades del sujeto, el asesor adoptará una estrategia más o menos arriesgada, que podría conducir a resultados positivos a medio y largo plazo.

www.ingramcontent.com/pod-product-compliance
Lightning Source LLC
Chambersburg PA
CBHW030955240526
45463CB00016B/2563